Género Fantasía

Pregunta esencial
¿Por qué es mejor trabajar en equipo para resolver problemas?

Vacaciones en el Polo Norte

Virginia Segret Mouro
ilustrado por Loretta López

Capítulo 1 El sueño del lagarto Enrique

El lagarto Enrique vivía en Guatemala. Ahora esperaba, con su valijita roja y un sombrero de paja, en la estación terminal de buses. Había decidido disfrutar de sus vacaciones en la playa.

El lagarto Enrique había pensado mucho en qué lugar elegir, hasta que finalmente, decidió viajar a Río de Janeiro, en Brasil, una bella ciudad con playas llenas de sol.

"¡Quiero mucho sol, a los lagartos nos encanta el sol!", pensaba mientras esperaba la llegada del bus.

En la estación, algunos llevaban pequeños equipajes. Otros, grandes maletas. "¿Cuántos kilos pesarán esas enormes maletas? Con mi traje de baño y mi toalla alcanza", pensó Enrique. "¡No necesito tanto equipaje! Los lagartos detestamos el frío. ¡Brrrr...!".

De pronto, escuchó una voz muy potente que salía desde un altoparlante.

—¡Pasajeros del bus 204, partiremos en cinco minutos!

Con gran rapidez, Enrique subió en el vehículo. ¡Estaba tan contento! ¡Cumpliría su sueño! ¡Pronto estaría en Río de Janeiro!

"Nadaré. Haré largas siestas al sol. ¡Y quizá encuentre otro lagarto amigo que me acompañe!", pensaba mientras se acomodaba en su mullido asiento.

"Río de Janeiro queda muy lejos. Tengo muchos kilómetros para dormir", pensó Enrique.

Le costaba mantenerse despierto. Sus ojitos se iban cerrando lentamente, y en unos minutos se quedó profundamente dormido.

Capítulo 2

Enrique está en apuros

Enrique estaba soñando aún con las olas y el agua cálida de Brasil cuando el conductor lo despertó.

—¡Eh, señor Lagarto, despierte! Hemos llegado a nuestro destino, debe descender del bus —le dijo el conductor.

Enrique abrió sus soñolientos ojitos. Sentía un poco de frío.

Miró por la ventanilla y se sorprendió. ¿Dónde estaba? ¿Qué era ese extraño lugar?

El cielo era gris. ¿Y el sol dónde estaba? ¿Y el mar?

Enrique miró el pueblo al que había llegado. Era realmente muy hermoso, pero... ¡estaba cubierto de nieve!

Las casas eran bajas. Se veían a lo lejos algunos trineos tirados por perros y más allá, un bosque de pinos completamente blancos.

Muy preocupado, tiritando por el frío, el lagarto se sintió muy solo.

"¡Oh, he equivocado mi camino! ¡Esto no es Río de Janeiro!", pensó. Y una lagrimita asomó a sus ojos de lagarto triste.

El conductor del bus vio a Enrique parado con su valijita roja.

Comprendió que estaba muy preocupado. Se acercó a él y le dijo:

—Señor Lagarto, ¿puedo ayudarlo en algo?

—¡Me he perdido! ¡Este sitio no es Brasil! No veo el mar, no hay playas, ni sol... ¡Y tengo mucho frío! —dijo Enrique claramente preocupado.

El hombre le respondió:

—Ciertamente, señor Lagarto. ¡Usted ha llegado a Groenlandia!

—¿A dónde? —preguntó Enrique alarmado.

—¡A Groenlandia! ¿Nunca ha escuchado hablar de esta hermosa tierra cercana al Polo Norte? —le preguntó a Enrique el hombre, que estaba muy sorprendido.

¡El lagarto Enrique estaba en el Polo Norte!

"Y ahora... ¿qué hago? Este sitio es muy frío para mí. ¿Cómo conseguiré abrigo? ¿Dónde haré mis siestas? ¡Necesito que alguien me ayude a encontrar un escondite calentito!", pensaba Enrique.

Enrique sabía que en ese país extraño, tan diferente del suyo, no podría resolver su problema solo. Necesitaba cooperación.

Pero... ¿a quién recurrir, si en el Polo Norte él no tenía amigos?

Enrique estaba preocupado. ¿Haría nuevos amigos en esta tierra lejana? ¿Cómo soportaría tanto frío?

Capítulo 3 Una feliz equivocación

Un oso polar que pasaba por allí vio que el lagarto estaba en serios apuros y decidió ayudarlo.

¡Qué alegría sintió Enrique cuando el oso Oyak lo llevó con sus amigos al bosque de pinos nevados!

El oso Oyak le presentó al reno Nuk, a la foca Uglu y al perro lanudo Kamik.

Todos recibieron al lagarto con alegría porque un nuevo amigo es siempre bienvenido, y todos se sintieron comprometidos para ayudarlo.

—¡Tengo mucho frío, amigos! —se quejaba el lagarto. Apenas tenía cubierta la cabeza con su sombrero de playa.

—No te preocupes, entre todos resolveremos este problema —dijo la foca Uglu mientras acariciaba la cabecita de Enrique con su aleta.

—¡Debemos unirnos! Hay que conseguir abrigo para Enrique. ¿Qué ideas tienes tú, Nuk? —le preguntó Kamik, el perro lanudo, al reno.

—¡Ya sé! Vestiremos a Enrique con un viejo chaleco de lana del cuidador del bosque —dijo el reno. Y se sintió muy feliz.

Más tarde, ya bien abrigado, el lagarto dijo a sus amigos:

—Tengo mucha hambre. ¡No he comido un solo insecto, un solo ratón, una sola culebrilla, desde que salí de Guatemala!

Oyak, el oso, comprendió la urgente necesidad del lagarto.

—Ay, amigo, la tierra en el Polo Norte está cubierta de nieve durante casi todo el año. Solo podemos ofrecerte algunas bellotas y un poco de miel que tengo guardada en mi casa. ¡Me gusta tanto la miel! —dijo Oyak, el oso polar.

—Además, todos los animales son nuestros amigos. En este bosque somos vegetarianos. ¡Los peces son mis amigos! —agregó Uglu, la foca.

Enrique probó las bellotas y la miel... ¡Qué alimento tan delicioso!

Detective del lenguaje	**¿Cuántos sustantivos comunes hallas en la oración subrayada? ¿Hay algún sustantivo propio? ¿Cuál?**

Ya se había hecho de noche. La luna era blanca y brillante como las escamas de algunos peces. Había comenzado a nevar y el bosque estaba muy oscuro.

—¡Estoy muy cansado! He viajado mucho, amigos. ¿Dónde podré dormir? —preguntó el lagarto muy fatigado.

—¡Ya sé! —dijo Kamik, el perro lanudo—. Conozco el tronco de un abedul que tiene un buen escondite para hacer tu camita.

Enrique se acurrucó en el hueco del tronco, se enredó entre las mantas que sus amigos habían pedido al cuidador del bosque y se durmió.

Acompañado por sus nuevos amigos, el lagarto Enrique disfrutó de unas estupendas vacaciones en Groenlandia.

¡El Polo Norte era un lugar maravilloso! Jugar con la nieve, viajar en el trineo tirado por unos perros amigos de Nuk, visitar con la foca Uglu a los peces del lago, comer miel con el oso Oyak, corretear por el bosque con el perro Kamik... ¡era más divertido que dormir al sol en la playa de Río de Janeiro!

Detective del lenguaje	**¿Cuántos sustantivos propios hay en esta página? ¿Cómo los reconoces?**

Un día, las vacaciones del lagarto terminaron. Había que volver a casa.

Enrique se despidió de sus amigos.

—¡Los espero en mi país, Guatemala! —les dijo mientras subía con su valijita roja al bus.

Sus amigos del Polo Norte aceptaron muy gustosos la invitación.

—El próximo año disfrutarán ustedes de mis selvas, de mis comidas y de mis amigos —agregó Enrique.

El bus se alejaba por el camino nevado. Antes de hacer su larga siesta, el lagarto Enrique pensó:

"¡Qué suerte que me confundí y tomé el bus equivocado! ¡Cuántos amigos nuevos tengo ahora! Y qué bello es el Polo Norte...".

Respuesta a la lectura

Resumir

Usa detalles del cuento para resumir *Vacaciones en el Polo Norte*. Usa el organizador gráfico como ayuda.

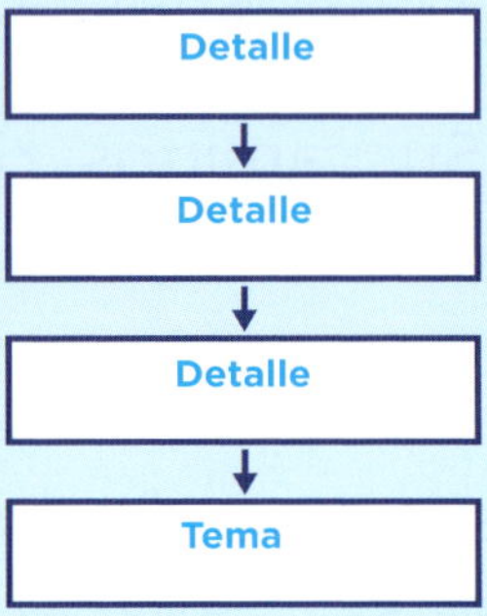

Evidencia en el texto

1. ¿Cómo sabes que este cuento es de fantasía? Identifica una característica que lo demuestre. **GÉNERO**

2. ¿Cuál es el tema principal de este cuento? **TEMA**

3. ¿Qué palabra de la página 2 es el antónimo de *pequeños*? **ANTÓNIMOS**

4. ¿Cuál es el mensaje de *Vacaciones en el Polo Norte*? Escribe un párrafo sobre tus ideas utilizando detalles del texto. **ESCRIBIR SOBRE LA LECTURA**

Género Texto expositivo

Compara los textos

Lee sobre estudiantes que trabajaron en equipo con su comunidad para evitar la pérdida de empleos.

Salvemos Lubec

El pequeño pueblo de Lubec, Maine, tuvo una próspera industria pesquera. Los botes traían un pequeño pez llamado arenque que se procesaba para convertirse en sardinas en las fábricas de la ciudad. A fines de la década de los noventa era difícil para la gente de Lubec vivir del mar. No quedaban tantos arenques. Además, los estadounidenses ya no compraban tantas sardinas. Casi todas las fábricas cerraron.

Lubec, un pueblo pesquero, está en la costa de Maine.

Estudiantes de la escuela consolidada de Lubec trabajaron en los proyectos de acuicultura de Lubec.

En 1995, un grupo de estudiantes de la escuela secundaria de Lubec se reunieron. Pensaban que la acuicultura podría ayudar a la comunidad. La acuicultura es la cría de peces y plantas acuáticas. Con la ayuda de vecinos y maestros, los estudiantes convirtieron una planta vieja de tratamiento de agua que estaba cerca de la escuela en un centro de acuicultura. Los estudiantes aprendieron sobre la cría de peces en acuarios.

Del acuario a la comida

El agua residual de los acuarios se filtra y se bombea a un invernadero. Esta agua se usa para cultivar verduras para el comedor de la escuela.

Las huevas de erizo de mar son un manjar japonés.

Los estudiantes realizaron diversos experimentos para comprobar si Lubec podía vender nuevos productos de pesca. Probaron diferentes dietas para los erizos de mar y descubrieron que algunos alimentos los hacían producir más huevas. Este descubrimiento fue muy importante, ya que en Japón las huevas de erizo de mar son muy populares.

Ahora, en Lubec ganan dinero y cada vez más estudiantes se involucran en la acuicultura. Al trabajar en equipo con la comunidad, los estudiantes de Lubec están ayudando a crear un futuro mejor para su pueblo.

Haz conexiones

En *Salvemos Lubec*, ¿de qué manera trabajar con la comunidad benefició a los estudiantes y a la escuela? **PREGUNTA ESENCIAL**

¿De qué manera el trabajo en equipo es una buena manera de resolver un problema? Usa ejemplos de *Vacaciones en el Polo Norte* y de *Salvemos Lubec* para apoyar tu respuesta. **EL TEXTO Y OTROS TEXTOS**

Enfoque:
Género

Fantasía Un cuento de fantasía incluye personajes, ambientes u otros elementos imaginarios que no existen en la vida real. En los cuentos de fantasía, los animales pueden hablar y los sucesos ocurren en lugares imaginarios.

Lee y descubre *Vacaciones en el Polo Norte* es un cuento de fantasía. El autor enseña que la cooperación y la ayuda de los amigos es esencial para resolver problemas o dificultades.

Tu turno

Cuando una persona vuelve a contar un cuento, usa sus propias palabras. Elige un cuento de fantasía. Usa un organizador gráfico para registrar los sucesos principales. Vuelve a escribir el cuento con tus propias palabras, usando el organizador gráfico como ayuda.